La curandera

Por
María Teresa H. de Holcomb, PhD

Traducida por Marco Batta

ISBN-13: 978-1544935386
ISBN-10: 1544935382

Al amor de mi vida de muchos años:
mi esposo.

Personajes

DOCTORA/ANA, una mujer en sus treintas

ABUELA, una anciana en sus ochentas

JOVEN

MUJER

ESPOSO

MAMÁ

TUNO

MUJER EMBARAZADA

PAPÁ DEL BEBÉ

ANTONIO

TÍO DE SARA

SARA

VOZ DE TRINI

GABRIEL

LUPE

RAMON

BRUJO VUDÚ

MUJER MAYOR

CURANDERO

DOS DAMAS

IRENE

MONJA

SACERDOTE

DOS MONJAS

NIÑA

HOMBRE VESTIDO DE JAGUAR

DOS HOMBRES VESTIDOS COMO JAGUARES

CURANDERO MÁS VIEJO

GRUPO DE MUJERES

GRUPO DE NATIVOS

GRUPO DE NIÑAS

HOMBRE CON TAMBORES

Vestuario

DOCTORA, bermudas con una blusa

ABUELA, vestido largo y chal de color negro

Instrumentos musicales y sonidos

Tambores

Silbatos

Flautas

Flautas de pan

Sonajas de calabaza

Cantos de pájaros

Otros

Gato negro

Ubicación

En alguna jungla de Latinoamérica

Fecha

En la actualidad

ACTO 1

El auditorio escucha sonidos de aves salvajes. A continuación, los actores entran por los pasillos desde la parte trasera del teatro tocando muy fuerte flautas, silbatos y tambores. Cuando llegan al escenario, todo está obscuro y en silencio.

"La llegada"

Escena 1

Las luces se encienden. Fuera del escenario se escucha el ruido de un autobús. La DOCTORA entra llevando una mochila a la espalda. Mira alrededor.

Un JOVEN se le acerca corriendo y le da una especie de cayado para caminar.

JOVEN: ¡Doctora! Sígame.

DOCTORA: *(hablando para sí misma)*
No le dije a nadie que venía. De todas formas, será mejor seguirlo. Me llamó como lo que soy, una "doctora".

Los dos caminan por el escenario.

DOCTORA: ¿Qué tan lejos está la reserva?

El niño señala las montañas.

Pocas horas más tarde, la Doctora se sienta sobre una piedra, se da masaje en los pies y se seca el sudor de la frente. Se escuchan ruidos de animales salvajes fuera del escenario.

JOVEN: *(sonriendo)*
Dese prisa, está oscureciendo y los coyotes y pumas no tardan en salir.

DOCTORA: *(rápido se pone los zapatos)*
Si, de hecho, ya estoy oyendo sus ruidos.

Las luces bajan de intensidad.

Las luces vuelven a encenderse mientras la Doctora y el joven llegan a la reserva. El joven la toma de la mano y la lleva a una choza redonda a la derecha del escenario que tiene una sábana por puerta.

DOCTORA: *(hablando para sí misma)*
Recuerdo vagamente este lugar.

Levanta la sábana, entra y mira alrededor.

DOCTORA: ¡Abuela! ¡Abuela!

Junto a la pared de la choza, rodeada por velas blancas, la Abuela está durmiendo cubierta desde la cabeza hasta los pies. Tiene un gato negro junto a ella. Se despierta de su siesta, se levanta con dificultad y abraza a su nieta.

ABUELA: Ana, ¡mi nieta! Por fin volviste.

DOCTORA: Sí, Abuela, ya estoy en casa.

Las luces bajan de intensidad.

Las luces se encienden. La Abuela mueve a la Doctora que está durmiendo sobre una estera.

ABUELA: ¡Levántate! La gente te está esperando.

La Doctora se levanta y hace a un lado la sábana blanca. La gente está formada fuera haciendo una larga fila.

DOCTORA: Abuela, ¿cómo supieron ellos que estaba aquí?

ABUELA: Hemos estado esperándote.

DOCTORA: Pero yo no soy una *curandera* como tú. Soy doctora y psiquiatra. No sé mucho sobre las técnicas que ustedes utilizan para curar. Tú eres la curandera.

ABUELA: No te preocupes. Estoy aquí para ayudarte a hacer las cosas como nosotros.

DOCTORA: Hay que comenzar, pero yo no sé curar cómo tú lo haces. Ven afuera y ayúdame.

ABUELA: ¡No! Voy a quedarme en la choza y desde aquí veré lo que haces. La gente no me verá ni me oirá. Tienen que confiar en ti.

Las luces se apagan.

"El hombre impotente"

Escena 2

Las luces iluminan únicamente el exterior de la choza a la izquierda del escenario. La Doctora levanta la sábana y se une a la gente que está esperando, incluyendo a una MUJER que está al frente.

DOCTORA: ¡Buenos días! ¿Quién llegó primero?

MUJER: ¡Yo fui! Dormí afuera de la choza para poder ser la primera.

DOCTORA: Por favor, venga y siéntese.

Le pide a la mujer que se siente en una banca para tener mayor privacidad.

DOCTORA: ¿En qué puedo ayudarle?

MUJER: Es mi esposo.

DOCTORA: ¿Dónde está?

MUJER: No está aquí, pero quiere que le diga *(con vergüenza e inclinándose para hablar en voz baja)* que no puede hacerlo.

DOCTORA: ¿Está muy estresado?

MUJER: Eso es lo que lo estresa.

DOCTORA: ¿Me puede dar más detalles?

MUJER: Bueno, lo voy a traer mañana y que él le explique.

DOCTORA: Sí, por favor, tráigalo mañana. Que tenga un buen día.

La Mujer le besa a la Doctora la mano y se va.

Las luces bajan de intensidad e iluminan solo el interior de la choza cuando la Doctora está entrando.

DOCTORA: ¿Abuela? Abuela, ¿dónde estás?

ABUELA: *(sonriendo)*
            Estoy aquí detrás de ti. Lo sé, lo sé. Primero ve al esposo.

Las luces bajan de intensidad.

Las luces se encienden e iluminan únicamente el exterior de la choza. Es el día siguiente. La Doctora levanta la sábana y sale de la choza mientras se acerca la mujer trayendo a su ESPOSO tomándolo por el brazo.

MUJER: Doctora, aquí está mi esposo. Va a hablar con usted.

ESPOSO: *(alejándose de la Doctora)*
            Yo no voy a hablar con esa mujer.

MUJER: ¿Por qué no quieres hablar con la Doctora?

ESPOSO: ¡Mira qué joven es! Apuesto a que no sabe nada sobre...

MUJER: ¿Me quieres hacer feliz?

ESPOSO: Bueno..., sí.

MUJER: *(empujando a su Esposo hacia la Doctora)*
¡Vamos!

El Esposo le dice tímidamente algo a la Doctora al oído.

DOCTORA: ¡Ah! Entiendo. Por qué no se sientan los dos en la banca y descansan un poco. Han caminado mucho. Está haciendo mucho calor. Tengan un poco de agua.

MUJER: Sí, nos sentimos mejor sentados en la sombra.

La Mujer y el Esposo se sientan en la banca. Las luces bajan de intensidad al exterior de la choza e iluminan el interior cuando la doctora entra a la choza.

DOCTORA: Abuela, ¡ayúdame!

ABUELA: Sí, ahora te voy a ayudar. Ve a lo profundo del bosque. Vas a encontrar un ginkgo biloba.

DOCTORA: No, abuela. Tiene efectos secundarios como diarrea y malestar estomacal. Además, no funciona.

ABUELA: Bueno, dale ginseng.

DOCTORA: Es seguro, pero provoca dolores de cabeza, insomnio y...

ABUELA: *(muy molesta)*
¿Quieres curarlo como lo hacemos las curanderas?

DOCTORA: Sí, Abuela. Perdón.

ABUELA: ¡Escúchame! Ve al bosque. Vas a encontrar ginseng cerca de los abedules o de los arces, donde hay humedad. Va a estar en la sombra de los árboles.

DOCTORA: ¿Quieres decir que el ginseng crece bien bajo la sombra de esos árboles?

ABUELA: Sí. Corta solo las plantas que tengan frutos rojos. Serán naturales. Cuida de no dañar las otras plantas que están alrededor de los árboles. Respétalas y, cuando desentierres las raíces, cuida de no dañarlas. Una vez que hayas desenterrado las raíces, tienes que exprimir los frutos rojos en tu mano. A continuación, haz un té de frutos rojos y pídele que se tome una taza por las mañanas.

Las luces bajan de intensidad.

Las luces iluminan el exterior de la choza. Han pasado algunos días. El Esposo saluda a la Doctora.

ESPOSO: Doctora, ahora estoy bien y mi esposa también está feliz.

Las luces bajan de intensidad.

"El dolor de panza"

Escena 3

Las luces se encienden fuera de la choza. Una MAMÁ está ahí sosteniendo la mano de TUNO.

MAMÁ: ¡Doctora! ¿Está?

La Doctora levanta la sábana y sale para atenderla.

DOCTORA: Sí. ¿En qué puedo ayudarle?

MAMÁ: Doctora, se trata de mi hijo. Se llama "El Tuno". Le ha dolido la panza toda la noche. Por favor, ayúdelo.

DOCTORA: Tuno, acuéstate aquí. ¿Cuántos años tienes?

TUNO: *(con voz tímida)*
Diez.

DOCTORA: Dime dónde te duele.

TUNO: *(le toca el vientre)*
Aquí. ¿Mamá? Voy a vomitar.

DOCTORA: Llévenlo al árbol y que se acueste en la hamaca.

La Doctora vuelve a la choza. Las luces bajan de intensidad afuera e iluminan el interior.

DOCTORA: Abuela, ¿dónde estás?

ABUELA: Estoy aquí detrás de ti.

DOCTORA: Por favor, ayúdame. No tengo ninguna medicina.

ABUELA: *(sonriendo)*
No te preocupes *(apunta hacia la parte de la cocina)*. Ahí hay un poco de masa para hacer tortillas de maíz. La masa puede estar un poco seca, ponle un poco de agua y pon una pequeña bola de masa en la palma de tus manos.

DOCTORA: Creía que hacían las tortillas usando una prensa.

ABUELA: Bueno, aquí en la selva, hacemos las tortillas solo con las manos. No sabemos qué es eso de... ¿cómo dijiste que se llamaba?

DOCTORA: Prensa.

ABUELA: Como se llame. Como te estaba diciendo, pon una pequeña bola de masa en tus manos húmedas. ¡Hazlo!

DOCTORA: Sí, Abuela *(siguiendo las instrucciones)*. ¿Y ahora?

ABUELA: *(sonriendo)*
Pon la bola de masa en tu mano

izquierda. Aplástala con tu mano derecha y después aplástala con tu mano izquierda. Sigue haciendo lo mismo hasta que la masa quede plana y redonda.

DOCTORA: ¿Como un gran *hot cake*?

ABUELA: ¿Como un qué?

DOCTORA: Nada. ¿Dónde la cuezo?

ABUELA: ¡No, no la cuezas! Solo sal y ve a ver al niño. Ponla sobre su pancita, sobre la piel.

DOCTORA: Abuela, ¿te oí bien? ¿Quieres que le cure a un niño el dolor de estómago usando masa cruda? ¿No crees que unas compresas calientes serían mejor? ¿Tiene algún poder curativo la masa?

ABUELA: La verdad, no lo sé. La hemos usado durante miles de años. El maíz es sagrado para nosotros. ¿Sabías que a nosotros nos hicieron de maíz blanco y amarillo?

DOCTORA: Sí, Abuela. Leí el Popol Vuh.

ABUELA: Si no quieres usar masa, dale un poco de chocolate.

DOCTORA: *(riendo)*
¿Chocolate?

ABUELA: *(muy seria)*
Sí, mejora la digestión y la eliminación de toxinas.

DOCTORA: Probemos con la masa. Espero que funcione.

La Doctora hace una tortilla.

ABUELA: Ana, nieta mía, podemos aprender la una de la otra.

Las luces que iluminan el interior de la choza bajan de intensidad y el exterior se ilumina cuando sale la Doctora. La Mamá está abanicando a Tuno. La Doctora pone la masa de tortilla sin cocer sobre el vientre del niño.

DOCTORA: Déjelo descansar.

Pasan unas horas.

MAMÁ: Doctora, mi hijo está bien. Tiene algo para usted.

Tuno le entrega a la Doctora dos huevos de pavo.

MAMÁ: *(besando la mano de la doctora)*
Gracias, Doctora.

Las luces se apagan.

"La mujer embarazada"

Escena 4

Las luces iluminan el interior de la choza. La Abuela y la Doctora están sentadas en el piso. La Abuela le está enseñando a la Doctora cómo pelar el maíz.

DOCTORA: Abuela, ¿oyes ese tumulto? Déjame ver qué está pasando.

Un GRUPO DE MUJERES entra al escenario y se detiene fuera de la choza. Están ayudando a una MUJER EMBARAZADA a caminar. Varios HOMBRES CON TAMBORES las siguen, pero se quedan fuera de la choza.

Cuando el grupo entra en la choza, la Abuela se coloca detrás de la Doctora.

DOCTORA: *(hablando a las mujeres)*
Recuéstenla sobre la estera.

ABUELA: *(en voz baja)*
¡No, no! Haz que se recargue en la pared poniéndose en cuclillas.

DOCTORA: ¡Esperen! Mejor vamos a hacer esto.

La Doctora ayuda a la Mujer embarazada a ponerse en cuclillas contra la pared y se lava las manos. Vuelve con una cruz y comienza a rezar.

DOCTORA: Dios de la creación, te pido que ayudes a esta mujer. Santa Brígida...

GRUPO DE MUJERES: Ruega por ella.

DOCTORA: San Erasmo...

GRUPO DE MUJERES: Ruega por ella.

DOCTORA: San Gerardo...

GRUPO DE MUJERES: Ruega por ella.

DOCTORA: Santa Margarita...

GRUPO DE MUJERES: Ruega por ella.

DOCTORA: Y por mí. Oremos a San Raimundo para que me ayude con este parto.

GRUPO DE MUJERES: Oremos por la Doctora.

La Doctora toma aceite y lo frota sobre el vientre de la mujer embarazada. Esparce agua sobre las piernas de la mujer embarazada y la revisa.

DOCTORA: ¡Guarden silencio!
(*hablando para sí misma*) El niño viene al revés. Cómo me gustaría estar en el hospital para hacer una cesárea. Tengo que hacer una inversión cefálica desde el exterior.

La doctora trata de hacer girar al bebé con las manos tocando el abdomen desde fuera.

ABUELA: *(de pie detrás de la Doctora)*
Lo estás haciendo bien. Sigue así con cuidado.

DOCTORA: La cabeza ya está bien orientada.

La Doctora se seca el sudor.

DOCTORA: Por favor, comiencen a rezar. Está lista.

Pueden oírse unos monótonos golpes de tambor fuera de la choza.

DOCTORA: *(a la madre que está a punto de dar a luz)*
Concéntrate en el sonido de los tambores. Te voy a ayudar con el parto. Señoras, vamos a rezar.

UNA MUJER:

Santa Virgen María...

GRUPO DE MUJERES:

Ruega por ella.

UNA MUJER:

Envíale tu ayuda conforme se acerca el parto.

GRUPO DE MUJERES:

Ruega por ella.

El Grupo de mujeres camina alrededor, en círculo.

GRUPO DE MUJERES:

> Relájate, relájate, relájate, relájate.

Esparcen hierbas alrededor del círculo.

GRUPO DE MUJERES:

> Relájate, relájate, relájate, relájate.

Los tambores tocan más lentamente.

La Doctora se acerca a un altar. Vuelve con una pequeña muñeca y frota con ella el vientre de la mujer embarazada. Seca el sudor de la mujer y coloca un rosario en su vientre. Las mujeres que están cerca de la mujer embarazada comienzan a canturrear. El escenario ahora está completamente obscuro.

Un bebé llora.

Las luces se encienden.

DOCTORA: ¡Es niño!

La Doctora envuelve al niño en una manta.

GRUPO DE MUJERES:

> *(cantando)*
> Santísima Virgen María, ¡te damos gracias!

Santísima Virgen María, ¡te damos gracias!

Los hombres comienzan a tocar los tambores más rápido. El sonido de las flautas y de las sonajas tienen un ritmo acelerado y estimulante.

ABUELA: Pst, pst. ¡Un momento! ¿Qué estás haciendo con el cordón umbilical y la placenta?

DOCTORA: ¡Las voy a tirar!

ABUELA: ¡No! Ve afuera con el papá. Cava un hoyo cerca de un árbol y entiérralos en un lugar seguro.

DOCTORA: ¿En un lugar seguro?

ABUELA: Sí. No dejes que los malos espíritus se los roben o que se los coman los animales salvajes. Debemos devolvérselos a la Madre Tierra porque ella es la creadora de la vida.

Las luces bajan de intensidad.

Las luces se encienden.

Fuera de la choza, la nueva mamá carga al bebé y luego se lo da al PAPÁ DEL BEBÉ. Caminan hacia su choza seguidos por la tribu. Antes de entrar, el más anciano del grupo rocía mezcal con la boca en la entrada de la choza. Después rocía la manta del bebé.

PAPA DEL BEBÉ:

>Ahora estamos seguros.

Se oyen tambores, sonajas y cantos. El Papá del bebé carga al bebé y entra a la choza seguido de la Mamá.

Las luces bajan de intensidad.

Las luces iluminan la choza de la Abuela.

ABUELA:	Lo hiciste muy bien. Estoy orgullosa de ti.

DOCTORA:	Aún me quedan muchas cosas por aprender.

ABUELA:	¿Le pusiste nombre al bebé?

DOCTORA:	Sí. Antonio.

ABUELA:	Es un bonito nombre, pero ¿por qué "Antonio"?

DOCTORA:	Por favor, siéntate, Abuela, y te lo diré.

Las luces se quedan apagadas por un tiempo.

"La iniciación de la Doctora"

Escena 5

Las luces se encienden.

DOCTORA: Algo terrible pasó antes de que viniera aquí. Estaba casada con un hombre que se llamaba Antonio.

Comienza a llorar y descansa la cabeza sobre el pecho de su Abuela. La Abuela acaricia el cabello de su nieta.

ABUELA: ¡Ah! Por eso le pusiste al niño "Antonio".

DOCTORA: Sí y hoy es 13 de junio, día de san Antonio.

ABUELA: Seca tus lágrimas. Dime qué pasó.

Las luces bajan de intensidad.

Las luces se encienden. La Doctora está sentada en el piso y la Abuela en una banca pequeña.

DOCTORA: No me gusta pensar en ello. Traté de suicidarme cortándome las venas en las muñecas (*llora*). Debería haber muerto, pero alguien llamó a los paramédicos. Me encontraron casi inconsciente. Después me dijeron que estuve a punto de morir. Abuela, ¡fue muy traumático!

ABUELA: Después de oír eso, creo que eres una excelente candidata a ser curandera. Para serlo, necesitas haber experimentado algún trauma o alguna experiencia que te haya llevado al límite de la muerte. En tu caso, parece que has experimentado ambas cosas.

DOCTORA: Cuando la ambulancia me estaba llevando al hospital, te vi muy claramente. Me dijiste, "Ven a casa. Te necesitamos aquí". Una vez que me mejoré, recordé lo que me dijiste y decidí venir a casa.

ABUELA: ¿Cuándo pasó eso?

DOCTORA: El 25 de diciembre.

ABUELA: Sí, te estaba llamando. Te necesitaba aquí.

La Abuela y la Doctora se quedan en silencio unos segundos.

DOCTORA: Por cierto, Abuela, me he preguntado muchas veces por qué me llevaron a vivir a Estados Unidos.

ABUELA: Un grupo de misioneros de allá venía cada año a evangelizarnos. Uno de ellos tenía una hija de tu edad y jugaban juntas todo el tiempo. Antes de que se fueran, me preguntaron si podían llevarte con ellos. Me dijeron que te iban a mandar a la escuela y que te tratarían bien.

DOCTORA: Abuela, ¿por qué me dejaste ir?

ABUELA: Quería que recibieras una buena educación. Ni siquiera sabías leer.

DOCTORA: Fueron muy buenos conmigo y me mandaron a la escuela con su hija. Aunque había una gran distancia entre nosotras, tú estabas siempre en mi mente.

ABUELA: Siempre supe que algún día volverías.

DOCTORA: *(besa a la Abuela en la mejilla)*
Sí, Abuela. Quiero ser como tú y ayudar a estas personas.

ABUELA: Entonces, ¿te gustaría ser una buena curandera? Puedes aprovechar todo lo que yo aprendí de nuestros ancestros y de mi propia experiencia.

DOCTORA: Sí, Abuela. Quiero estar preparada para curar a los de mi pueblo como tú has hecho a lo largo de tantos años.

ABUELA: Has pasado la primera prueba. Ahora tenemos que hacer algo: tenemos que reparar tu alma herida. Para ello, debemos entrar a lo que nosotras las curanderas llamamos "el inframundo".

DOCTORA: Eso debe ser lo que los psiquiatras llaman "vuelta al inconsciente".

ABUELA: Como lo llames. Para que puedas ser una buena curandera, debes volver a la experiencia traumática que mencionaste.

DOCTORA: ¡Fue algo muy duro!

ABUELA: No podemos seguir adelante hasta que no hayas resuelto tu pasado.

DOCTORA: Sí, parte de mi alma fue herida.

ABUELA: Tú entiendes solo una parte de ti. La parte que entiendes es que tu esposo de unas horas se suicidó y, poco después, tú también trataste de suicidarte. Mi querida nieta, el problema es más profundo.

DOCTORA: Pero, Abuela, fui muchas veces a terapia después de que traté de suicidarme. Yo creo que la terapia me ayudó.

ABUELA: No del todo. ¿Quieres intentar una exploración de tu mundo interior utilizando los métodos y prácticas que las curanderas hemos usado por años?

DOCTORA: Sí, Abuela. Confío en ti y me siento segura, pero no creo estar lista.

ABUELA: Tú me dirás cuando te sientas lista.

Las luces se apagan.

"La parálisis de histeria"

Escena 6

Las luces se encienden fuera de la choza donde la Doctora está barriendo. El TÍO DE SARA se acerca.

TÍO DE SARA:

> Doctora, ¡La necesito!

DOCTORA: ¡Buenos días! ¿En qué puedo ayudarle?

TÍO DE SARA:

> Por favor, venga conmigo a mi reserva. Le diré en el camino lo que pasó.

DOCTORA: Claro, déjeme ponerme los zapatos.

La Doctora se pone los zapatos y toma su bastón para caminar. La Doctora y el Tío caminan por el escenario.

TÍO DE SARA:

> Mi sobrina, Sara, que vive en la reserva, cerca de un estanque, se estaba preparando para darles de comer a sus dos hijos más grandes y a su pequeña hija, Trini...

Las luces bajan de intensidad.

Las luces iluminan a SARA llevando comida y a Gabriel.

GABRIEL: ¡Mamá, Mamá! No veo a Trini.

SARA: *(tirando la comida que llevaba)*
             ¿Dónde está?

GABRIEL: La vi caminando hacia el estanque y la
             traje aquí. A lo mejor se fue otra vez
             para allá y se metió al agua.

*La Madre corre hacia el estanque. Tiene miedo, pero
aun así se tira al agua.*

SARA: ¡Bebé! ¡Ya voy por ti!

VOZ DE TRINI:

             ¡Mamá! ¡Mamá!

SARA: ¡Voy! *(de pronto se pone de pie y da
             media vuelta)* ¡Mis piernas! *(gritando)*
             No sé qué está mal *(cae de frente y,
             con las manos, comienza a bracear
             hacia la orilla)*. Si puedo gatear, puedo
             ir a buscar ayuda.

GABRIEL: Mamá, no veo a mi hermanita.
             ¡Levántate, Mamá! Tenemos que hacer
             algo.

SARA: ¡No puedo caminar! Ve a la reserva y pide ayuda.

Gabriel sale.

VOZ DE GABRIEL:

¡Alguien venga conmigo! Mi hermanita se está ahogando y mi Mamá no la puede ayudar porque no puede caminar.

Las luces bajan de intensidad.

Las luces se encienden. El tío de Sara y la Doctora están caminando por el escenario.

TÍO DE SARA:

Llevamos a mi sobrina a la reserva. Todo el tiempo decía, "No puedo hacer nada. Mis piernas están paralizadas. No pude salvar a mi hija pequeña".

Las luces bajan de intensidad.

Las luces iluminan el interior de la choza de Sara. Sara está recostada en una estera. Su tío está con ella.

TÍO DE SARA:

> ¿Tienes rota alguna pierna?

SARA: No lo creo. Simplemente dejé de sentirlas. Tío, no puedo moverlas. No puedo caminar. Necesito estar bien para cuidar a mis hijos.

TÍO DE SARA:

> Voy a traer a la Doctora.

SARA: Quiero ir contigo. Por favor, ayúdame.

TÍO DE SARA:

> No puedes caminar. Voy a traer a la Doctora. La reserva está muy lejos.

Las luces se apagan.

Las luces se encienden.

El Tío de Sara y la Doctora están fuera de la choza de Sara.

DOCTORA: Dígame, ¿cómo se veía su sobrina? ¿Cómo se comportaba?

TÍO DE SARA:

> Cuando estaba con ella, me pregunté por qué no estaba triste. No estaba

llorando en absoluto. Parecía preocupada solo por sus piernas.

La Doctora y el Tío de Sara entran a la choza.

DOCTORA: Buenas tardes. Por favor, déjeme revisarla.

Examina a Sara y después mira al Tío.

DOCTORA: Por favor, tráigala a mi choza mañana.

TÍO DE SARA:

¿Cómo? No puede caminar.

DOCTORA: Póngala en una hamaca y pida a los hombres de la reserva que la lleven.

TÍO DE SARA:

Sí, Doctora. La vamos a llevar a su choza.

Las luces se apagan.

Las luces se encienden. La Doctora está de nuevo en la choza de su Abuela.

DOCTORA: Abuela, le dije a los señores que la trajeran mañana. Por favor, necesito que me guíes. Solo sé los métodos occidentales. Puedo decir que, por la forma en que me miraba, no confía en mí. Dime, Abuela, ¿alguna vez te tocó un caso como este?

ABUELA: Sí, me tocaron algunos. Los traté con cierto éxito.

DOCTORA: ¿Cierto éxito? Cuéntame, Abuela.

ABUELA: Te voy a contar del primer caso que traté. Era como este.

Las luces bajan de intensidad.

Las luces se encienden.

ABUELA: En este caso, se trataba de un joven que se había caído de un árbol muy alto. Su mamá, una mujer que se llamaba Lupe, no pudo ayudarlo. No pudo mover sus piernas para correr y ayudarlo. Dime, ¿cómo le llaman a este problema en el mundo occidental?

DOCTORA: Conversión de histeria que se manifiesta en este caso como parálisis de piernas.

ABUELA: ¿Qué significan esas palabras?

DOCTORA: Los altos niveles de estrés se convierten en síntomas físicos sin que haya ningún daño físico en alguna parte del cuerpo.

ABUELA: ¡Sí, sí!

DOCTORA: El problema lo produce la mente.
            Cuando curamos el problema mental,
            el problema físico desaparece.

ABUELA: Bueno, nuestras ideas no son tan
            diferentes. Ustedes los occidentales
            dicen que el estrés mental produce
            parálisis en las piernas, mientras que
            nosotras las curanderas decimos que
            unos malos espíritus producen parálisis
            de piernas.

DOCTORA: Entiendo, Abuela. Por favor, dime
            cómo curarías a una persona que tiene
            parálisis en las piernas. Quiero curar a
            la mujer a tu modo, como lo hacen las
            curanderas.

ABUELA: Puse a la mujer en cierto estado de
            trance.

Las luces se apagan.

*Las luces se encienden. Los tambores tocan con un
ritmo monótono. Las flautas acompañan suavemente
a las sonajas. Un grupo de mujeres canturrea.*

Las luces bajan de intensidad.

Las luces se encienden.

ABUELA: Me llevó alrededor de cuatro semanas antes de que Lupe se curara. Después de la segunda semana, estaba convencida de que los malos espíritus en su mente y en su cuerpo estaban causándole la parálisis. Hice algo que las curanderas hemos estado haciendo por años y años.

Las luces bajan de intensidad.

Las luces se encienden. La Abuela y Lupe están sentadas sobre una estera. La Abuela va al altar de la choza y se lava las manos. Toma un huevo crudo, lo lava con agua salada y exprime un limón. El sonido de las sonajas y de los tambores apenas se percibe.

ABUELA: Lupe, mi niña (*mostrándole el huevo),* los huevos son considerados símbolo de la vida. Por favor, acuéstate. Quiero que respires profundamente y que te relajes. Voy a rezar por ti.

Lupe obedece.

ABUELA: Señor, manda tu palabra y cura a esta mujer.

GRUPO DE MUJERES:

Señor, cura a esta mujer.

ABUELA: Señor, saca toda debilidad y
enfermedad del cuerpo de esta mujer.

GRUPO DE MUJERES:

Señor, cura a esta mujer.

*La Abuela frota todo el cuerpo de Lupe con el huevo,
comenzando por la cabeza.*

ABUELA: *(frotando las manos de Lupe)*
Froto las palmas de tus manos. Que la
mala energía salga de tu cuerpo.
Empújala con tus manos.

GRUPO DE MUJERES:

¡Empújala! ¡Empújala!

ABUELA: *(frotando muy lentamente las piernas
de Lupe)*
Jesús, gran doctor, por favor, cura a
esta pobre alma. Te pido que me
ayudes. Devuélvele la salud.

Lupe aún no responde.

ABUELA: *(frota las piernas de Lupe con aceite
de oliva mezclado con sándalo)*
Estoy sellando tu cuerpo para que esté
protegido. Ahora estoy rompiendo el

huevo en este vaso de agua. En unos segundos, voy a revisar la yema para ver si hay alguna decoloración o manchas (*espera y mira la yema*). La yema sigue igual. Lupe, aún no se han absorbido las malas energías.

La Abuela camina hacia un árbol y entierra el huevo cerca del mismo.

ABUELA: *(hablando para sí misma)*
Ayuda a esta pobre mujer. Dios, ayúdame. El tratamiento no está funcionando.

La Abuela quema incienso alrededor del cuerpo de la mujer.

ABUELA: Dios, ayuda a esta mujer. Dios, ayuda a esta mujer.

La Abuela se sienta en el piso, orando en voz baja. RAMÓN entra.

RAMÓN: Yo sé por qué no está funcionando.

ABUELA: Por favor, dime.

RAMÓN: Fui a la choza de un hombre que les dijo a todos que era un curandero, pero después supe que no lo era.

ABUELA: ¿Cómo supiste que no era curandero?

RAMÓN: Lo vi practicando medicina vudú, que
            consiste en brujería, tú sabes, magia
            negra y encantamientos. Yo sé que
            quienes practican brujería y
            encantamientos no quieren curar el
            alma.

ABUELA: Lo sé. Quieren debilitar o destruir el
            alma y eso es totalmente contrario a lo
            que las curanderas queremos. Yo
            quiero sanar el alma, ni de lejos se me
            ocurriría dañarla.

RAMÓN: Él da culto al mundo obscuro de Satán,
            controla espíritus malignos y
            demonios. Creo que le hizo un hechizo
            a mi hermana para poder manipularla.

Las luces bajan de intensidad.

*Las luces se encienden e iluminan la choza de la
Abuela.*

DOCTORA: Abuela, ¿cuál crees que haya sido el
            problema de Lupe?

ABUELA: Que, cuando estaba en un profundo
            trance, no podía comunicarme con su
            alma. Solo repetía, "no puedo mover
            las piernas". En ese momento, me di
            cuenta de que el hombre que
            practicaba medicina vudú quería

controlar la tribu usando y amenazándola con espíritus malignos.

DOCTORA: ¿Por qué?

ABUELA: Porque esas amenazas podrían hacer que le tuvieran miedo a la muerte.

DOCTORA: ¡Ah!, entonces, ¿la preocupación por la muerte le permitía al médico vudú tener control sobre toda la tribu?

ABUELA: Sí y, en este caso, la mamá no podía salvar a su hijo porque los malos espíritus no le permitían hacerlo.

DOCTORA: Quiso correr, pero no pudo. Sus piernas estaban paralizadas.

ABUELA: Esto se debía claramente al médico vudú. La estaba amenazando con espíritus malignos. Poseía poder sobre la madre infundiéndole primero temor y después culpa en su alma. Así, estaba poseída por espíritus malignos.

DOCTORA: ¿Y cómo afrontaste eso?

ABUELA: El miedo y la ansiedad, junto con la culpa, era tan intensos que tuve que dedicar mucho más tiempo a la oración durante el ritual de sanación.

Las luces bajan de intensidad. La escena vuelve a la choza de Lupe. La Abuela está de pie cerca de la cabeza de Lupe.

ABUELA: Santa Virgen María.

Un Grupo de mujeres camina lentamente en círculo alrededor de Lupe

GRUPO DE MUJERES:

  Ayuda a esta mujer. Ayuda a esta mujer.

ABUELA: Todos los santos del cielo.

GRUPO DE MUJERES:

  Ayuden a esta mujer. Ayuden a esta mujer.

UNA MUJER:

  Les rogamos. ¡Ayuden a esta mujer!

Las luces bajan de intensidad.

VOZ DE LA ABUELA:

  Nada estaba funcionando, así que tuve que crear un espacio sagrado para honrar a la divinidad.

Las luces iluminan la choza de Lupe. La Abuela camina por el escenario, quemando salvia.

ABUELA: Estoy purificando la energía alrededor de esta mujer. Voy a encender velas cerca del altar. La vela roja es para la fortaleza; la azul, para la armonía; y la rosa, para la buena voluntad.

Las luces bajan de intensidad.

VOZ DE LA DOCTORA:

            Dijiste un lugar sagrado. ¿Qué es eso?

VOZ DE LA ABUELA:

            El lugar sagrado permite al alma entrar en un tranquilo mundo interior donde la curación tiene lugar.

Las luces iluminan la choza de Lupe. Lupe todavía está recostada sobre la estera.

ABUELA: Por favor, haz el camino de las Cuatro Direcciones. Este es el espíritu que nos enseña los caminos del mundo. Les rezamos a los espíritus del mundo.

La Abuela traza un gran círculo con polvo sobre el escenario y lo divide en cuatro partes.

ABUELA: Pongo pétalos blancos al norte, al espíritu del viento. El viento frío sopla y limpia. Aquí es donde nacen la sabiduría y la reflexión. Espíritu del viento, ayúdanos a buscar una guía.

La Abuela va al sur.

ABUELA: Pongo pétalos rojos al sur porque es donde el sol brilla más. Los rayos del sol producen la vida en la Tierra. Toda vida proviene del sur. Cuando la gente muere, vuelve al sur que es de donde vinieron. Espíritus, ayúdennos a honrarlos y ayuden a esta mujer.

La abuela va al oeste.

ABUELA: Pongo pétalos negros al oeste. Es el espíritu del agua, donde el sol se pone y donde nacen la intuición y los sueños. Debes afrontar tus limitaciones y temores, y vencerlos. Espíritus, ayúdennos a darles el honor que merecen y curen a esta mujer.

La Abuela va al este.

ABUELA: Pongo pétalos amarillos al este, donde el sol nace e irradia su calor sobre la Tierra. Cuando la luz del día comienza a brillar, la luz de la comprensión de nosotros mismos nos ilumina y nos da la sabiduría. Espíritus, ayúdennos a darles el honor que merecen y curen a esta mujer.

La Abuela va a donde Lupe esta acostada y la bendice.

ABUELA:　　Les agradecemos, espíritus, por gobernar las estaciones y los días.

El sonido monótono de tambores y sonajas continúa muy suavemente.

ABUELA:　　*(arrodillándose cerca de Lupe)* Le estoy dando un masaje a tus piernas. No estás sola. Los buenos espíritus están contigo. Necesito que reacciones.

La Abuela se sienta cerca de Lupe.

ABUELA:　　Mira hacia las velas encendidas.

Las luces tienen poca intensidad. Un grupo de mujeres está arrodillado cerca de Lupe y canta con voz suave.

Las sonajas y los tambores suenan lentamente.

GRUPO DE MUJERES:

No eres mala. No eres mala. No eres mala. No eres mala.

Eres buena. Eres buena. Eres buena.
Eres buena.

ABUELA: *(encendiendo las velas)*
Estoy encendiendo velas, una por cada
uno de tus años. Las estoy poniendo
alrededor de ti. Las velas encendidas te
van a iluminar. Invito a las llamas a
limpiarte y a entrar en tu alma.
(aún no hay ninguna reacción positiva)
(agitando las sonajas)

ABUELA: Te estoy rociando con agua. Vas a
hacer un camino con el agua y ella te
va a llevar a la profundidad de tu alma.
El agua es tu fuerza para moverte y va
a ayudarte también a entrar en trance.
Gracias, agua, por ayudarnos en este
camino. Estás expulsando a los
espíritus malignos de tu cuerpo.

(alzando su voz y sus brazos)
Espíritus benignos, ¡ayúdennos!

De pronto, Lupe se mueve y se pone de pie.

LUPE: ¡Dios mío! ¡No fue mi culpa!
(suspirando con alivio) No fue mi
culpa. ¿Cómo podía haber llegado
hasta mi hijo? Mis piernas estaban
paralizadas.

ABUELA: Ahora, los espíritus benignos se han hecho cargo de ti.

Un brujo vudú corre por el escenario.

Las luces bajan de intensidad.

VOZ DE LA DOCTORA:

    ¿Entonces se curó?

VOZ DE LA ABUELA:

    Casi.

Las luces se encienden.

ABUELA: *(acariciando el pelo de Lupe)*
El brujo vudú fue el responsable de tu dolor y de tus problemas. Con el uso de la hechicería, hacía que tus piernas estuvieran paralizadas. Con oración y frotando hierbas sobre tu corazón vas a sanar completamente.

El brujo vudú entra al escenario y se detiene cerca de Lupe.

ABUELA: *(con voz enojada)*
Brujo vudú, te ordeno que te vayas y que te lleves la muñeca que hiciste y que se parece a esta mujer. Como no puedo quemarla, te la devuelvo para

que anules el conjuro que hiciste sobre ella.

El medico vudú, con gran parsimonia, sale del escenario llevándose la muñeca.

ABUELA: Querida mujer, el brujo vudú ya se fue. Ya no habrá más agujas en tus piernas. Los espíritus benignos están contigo. El hechizo que había sobre ti ya no está. Tu alma ha sido curada completamente.

Las luces bajan de intensidad.

Las luces vuelven a iluminar la choza de la Abuela.

DOCTORA: Gracias, Abuela. Ahora sé qué debo hacer. Me voy.

Sale. Las luces bajan de intensidad. Lupe, ya recuperada, entra y ayuda a la Abuela a levantarse. Salen del escenario lentamente.

Las luces se apagan.

ACTO 2
"Risa histérica y manía por bailar"

Escena 1

Las luces se encienden. Una MUJER MAYOR camina hacia la choza. Está sudando abundantemente. La selva es húmeda y calurosa. La Doctora está fuera buscando hierbas.

MUJER MAYOR:

¿Está usted aquí, Doctora?

DOCTORA: Sí, aquí estoy. ¿Le puedo ayudar en algo?

MUJER MAYOR:

Me alegra mucho verla. Tenemos un gran problema.

DOCTORA: Venga y siéntese debajo de este árbol. Tome un poco de agua. Está haciendo mucho calor hoy.

MUJER MAYOR:

Gracias. Necesito un descanso.

DOCTORA: Dígame, ¿cuál es el gran problema?

MUJER MAYOR:

> Vengo de una reserva muy lejana.
> Somos un grupo pequeño. Soy la
> mayor de todos. Hay algunas mujeres
> ancianas más, pero no vinieron porque
> no pueden caminar largas distancias
> *(se acaricia la cara)*

DOCTORA: Entiendo. Dígame, ¿en qué puedo
ayudarle?

MUJER MAYOR:

> Todos en la tribu están riendo y
> bailando.

DOCTORA: ¡Qué maravilla!

MUJER MAYOR:

> Perdón, Doctora. Usted no entiende.
> Ríen y bailan sin parar.

*La mujer se pone de pie e imita sus risas y su forma
de bailar exagerando sus gestos.*

DOCTORA: ¿Son adultos jóvenes?

MUJER MAYOR:

> De todas las edades, pero sobre todo
> los adultos jóvenes.

DOCTORA: ¿Cuánto tiempo llevan riendo y
bailando?

MUJER MAYOR:

Muchas lunas.

DOCTORA: Entiendo.

MUJER MAYOR:

Terminan exhaustos después de reír y
bailar desde la mañana hasta la noche.
El problema es que todos están muy
cansados de todo este reír y bailar, no
pueden ir a los campos a trabajar. No
cazan ni pescan, así que nosotros los
mayores a menudo tenemos hambre.

DOCTORA: Entiendo.

MUJER MAYOR:

Justo el otro día, un joven estuvo
riéndose y bailando tanto que cayó a
tierra exhausto y murió. Los ancianos
nos reunimos y decidimos que yo tenía
que venir por usted. Todas nuestras
esperanzas están en usted, Doctora.
¡Por favor, ayúdenos!

DOCTORA: Por supuesto. Por favor, deme un
minuto. Descanse un poco en la
hamaca. Vuelvo ahora mismo.

MUJER MAYOR:

> Sí, Doctora, aquí espero. Estoy muy cansada. Voy a tomar una pequeña siesta.

Las luces bajan de intensidad fuera de la choza e iluminan el interior cuando la Doctora entra.

DOCTORA: Abuela, por favor, ¡ayúdame! Una mujer mayor, muy angustiada, está fuera. Ven fuera, para que ella te pueda decir lo que está pasando en su tribu.

ABUELA: ¡No! Tú sabes que yo no salgo de la choza.

DOCTORA: Pero si sales, puedes oír...

ABUELA: ¡No! Dime cuál es el problema.

DOCTORA: Los adultos jóvenes de la tribu se pasan de ocho a diez horas riendo y bailando todos los días. Dice que mueven su cuerpo de una forma muy rara y que su risa está completamente fuera de control. He leído sobre esto en mis libros de texto, pero nunca he sido testigo de un comportamiento como este. Dime, Abuela, ¿qué hacen las curanderas cuando la gente actúa así?

La Abuela toma a la Doctora de la mano y se sienta con ella a un lado del escenario.

ABUELA: Hace muchas lunas, algunos miembros de una comunidad…

Las luces se encienden. Un grupo de nativos entra bailando y riendo alocadamente. Hacen gestos con la cara y movimientos muy raros. Dos estallan en carcajadas y los demás los imitan.

DOCTORA: Abuela, en el Occidente llamamos a eso esquizofrenia hebefrénica combinada con manía de masa.

ABUELA: Háblame de esa hebe... lo que sea.

Un grupo de nativos entra por ambos lados del escenario, riendo como niños.

DOCTORA: Estas personas pierden el contacto con la realidad. A menudo regresan a un estado infantil de desarrollo. Presentan distorsiones emocionales y comportamientos inapropiados para la situación.

ABUELA: Cuéntame más de eso.

DOCTORA: Esto pasa cuando ríen sin causa aparente y bailan y se entregan a comportamientos tontos llenos de risitas. Esto me lo explicó la mujer mayor que vino. Ciertamente, encaja perfectamente con todo lo que sé sobre la esquizofrenia hebefrérnica y la risa histérica, la cual a veces viene acompañada de la manía por bailar.

Los nativos que están en el escenario ahora ríen como adultos, pero inmediatamente comienzan a reírse como niños.

DOCTORA: Es algo que te impresiona mucho, cuando lo ves por primera vez.

ABUELA: Lo sé, lo sé.

DOCTORA: La señora también dijo que, cuando están entregados a este comportamiento, no tiene sentido lo que dicen. Esto es muy común, porque su pensamiento con frecuencia se vuelve desorganizado y hablan utilizando neologismos.

ABUELA: ¿Neo… qué?

DOCTORA: Los neologismos son combinaciones de palabras que solo entiende el que las dice. Esto sucede a menudo cuando hablan los esquizofrénicos. También lo llamamos "ensalada de palabras". Llegan a tal grado de excitación que experimentan "vuelo de ideas", que los lleva a decir palabras y frases que no tienen sentido.

Las luces iluminan a un grupo de nativos que están diciendo cosas sin sentido y riéndose histéricamente.

ABUELA: Sí, recuerdo ese tipo de cosas.

DOCTORA: Basándome en lo que me dijo la señora, creo que están experimentando ilusiones y alucinaciones.

ABUELA: Ay, tú y tus palabras raras...

DOCTORA: *(sonriendo)*
Muy sencillo, Abuela. Una ilusión es una creencia que no es verdad y una alucinación es una falsa experiencia sensorial.

La Abuela mueve su cabeza de un lado a otro, como si todavía no entendiera.

DOCTORA: Déjame explicártelo de esta forma. Una ilusión, o falsa creencia, sucede toda en la mente de la persona. Una alucinación es cuando la persona ve o escucha algo, pero tú y yo no lo vemos ni oímos. Todo está en la mente de ella.

Los nativos se le quedan viendo a un árbol.

DOS NATIVOS:

El árbol nos está hablando. ¿Puedes oírlo?

OTROS NATIVOS:

Sí, sí, el árbol nos está hablando.

Sí, sí, el árbol nos está hablando.

DOS NATIVOS:

El árbol nos está diciendo cómo
debemos comportarnos.

OTROS NATIVOS:

Tenemos que portarnos como dice el
árbol.

DOS NATIVOS:

¿Puedes ver el árbol? ¿Es un espíritu
satánico? ¿Lo oyes?

OTROS NATIVOS:

El árbol está endemoniado. ¡Podemos
oírlo! ¡Podemos oírlo!

Las luces bajan de intensidad.

Las luces se encienden.

ABUELA: Ahora entiendo.

DOCTORA: ¿Te ha tocado curar algo así?

ABUELA: Sí. Recuerdo muy bien una. Se reían,
            como tu dijiste, histéri...

DOCTORA: Histéricamente.

ABUELA: Era como si se estuvieran riendo para
          ocultar sus miedos y los espíritus
          diabólicos del inframundo.

*Las luces iluminan a un grupo de nativos que están
haciendo lo que la Abuela acaba de describir.*

ABUELA: Algunos de ellos saltaban y bailaban
          alrededor de los árboles, mientras reían
          histéricamente. Se acercan a un árbol y
          le hablan como si estuvieran hablando
          con los espíritus de gente mala. Siguen
          riendo y a menudo caen al piso y dan
          vueltas. Gritan, "¡no, Brujo vudú!".
          ¡No dejes que la serpiente me atrape!
          ¡No dejes que se me acerque la
          serpiente!

DOCTORA: ¿Cómo los curaste?

ABUELA: Primero, tuve que encontrar la fuente
          de sus temores y lo que provocaban los
          espíritus demoniacos. Así, me di
          cuenta de que el grupo imitaba el
          comportamiento del curandero.

DOCTORA: ¿Curandero?

ABUELA: Sí, pero me di cuenta de que el
          curandero no era en realidad un
          curandero. ¡Era un brujo vudú! Estaba
          usando encantos y hechizos.

DOCTORA: Sí, estoy segura de que quería tener poder sobre ellos.

ABUELA: Exacto. Quería tener poder sobre ellos y lo tenía. Su meta no era curar las almas, sino mantenerlas heridas para poder hacer con ellas lo que él quisiera.

DOCTORA: Sí, Abuela, entiendo. Era un psicópata.

ABUELA: ¿Un qué?

DOCTORA: Un psicópata. Son genios de la manipulación. Tratan de controlar a los demás en función de sus propias necesidades y metas. No sienten empatía ni sienten nada por los demás.

ABUELA: ¡Sí! Eso es lo que él estaba haciendo. Te voy a decir lo que hice. Primero, tuve que desenmascarar al así llamado curandero. Después le pedí a un amigo, un curandero, que se mezclara con el pueblo e imitara su comportamiento.

Se oyen sonajas y tambores. Un grupo de nativos entra al escenario haciendo gestos raros. Entonces, un CURANDERO se les une e imita lo que está haciendo el grupo. El sonido de los tambores y de las sonajas se hace más fuerte.

Los nativos gatean e imitan a las serpientes por unos minutos.

ABUELA: ¡Las serpientes! ¡Las serpientes! Me di cuenta de que el Brujo vudú les había metido un miedo exagerado a las serpientes.

DOCTORA: ¿Qué hiciste?

ABUELA: Mi amigo y yo fuimos a la selva a buscar serpientes que no fueran venenosas. Encontramos boas esmeralda sobre los árboles. Después, buscamos falsas coralillos.

Las luces bajan de intensidad.

Las luces se encienden. La Abuela y el Curandero entran al escenario. Ambos traen una serpiente. Dejan que las serpientes se arrastren por sus cuerpos.

DOCTORA: ¡Qué interesante!

ABUELA: Teníamos que hacer que la gente volviera al nivel más bajo del inframundo. Aquí creemos que hay imágenes de animales que toman la forma de reptiles.

DOCTORA: Claro, el Brujo vudú les metió el miedo a las serpientes como si estas fueran fuerzas malvadas y demoniacas. Fue fácil influir en ellos y controlarlos de esa forma. Estas imágenes del inconsciente son vestigios de las primeras etapas de desarrollo animal o evolutivo.

ABUELA: *(interrumpiendo)*
También, para favorecer al proceso de curación, nos apoyamos en un ritmo monótono de tambores acompañados con cantos.

Un grupo de nativos entra al escenario bailando muy rápido y otro grupo canta.

ABUELA: El baile exhaustivo liberó el inframundo que contenía todos los instintos animales. Estos rituales ayudaron a los nativos a convertirse otra vez en sus ancestros.

DOCTORA: Sí, entiendo.

ABUELA: *(sonriendo)*
Estos ritos unifican los impulsos animales y humanos de una forma que el todo resultante, unido a las fuerzas de la naturaleza, une a Dios y al animal. Ahora, ¿podrías decirme lo que te acabo de explicar con tu lenguaje occidental? Tengo curiosidad.

DOCTORA: Abuela, yo creo que, al volver a imágenes ancestrales, nos sumergimos en el inconsciente del espíritu, el cual contiene arquetipos animales y humanos. Le llamamos a este proceso "regresión a nuestros orígenes". Muchos de los psiquiatras occidentales creen que el regreso a nuestros orígenes, a nuestra naturaleza animal, debe hacerse para iniciar un proceso de sanación. Tú me dijiste que creías en el renacimiento. Bien, lo que te acabo de explicar se llama recapitulación, es lo mismo que el renacimiento, el renacimiento de arquetipos, de experiencias ancestrales. Esas experiencias siguen reapareciendo.

ABUELA: Nuestros sistemas de creencias son los mismos...

DOCTORA: Sí, en cuanto a la sanación, son esencialmente los mismos.

ABUELA: Hace poco usaste la palabra *ego*.

DOCTORA: Ego defensas.

ABUELA: Cuéntame más de eso.

DOCTORA: El individuo sufre tanto estrés que él o ella no puede hacer frente de manera efectiva a la realidad cotidiana, así que el ego...

ABUELA: Lo que yo llamo "alma".

DOCTORA: Sí, distorsiona la realidad para poder afrontarla o ajustarla.

ABUELA: ¿Y la risa?

DOCTORA: En casos extremos, como la risa histérica del grupo, combinada con esquizofrenia, el ego...

ABUELA: El alma.

DOCTORA: Sí, el alma, el ego está tan dañado...

ABUELA: Sí, herido.

DOCTORA: Sí, está tan herido que se aleja de la realidad y se retrae en un mundo irreal.

ABUELA: ¿Esta regresión a un mundo irreal es un esfuerzo para adaptarse?

DOCTORA: Sí, pero a largo plazo, resulta autodestructiva.

ABUELA: ¿Y ahora qué?

DOCTORA: La actitud defensiva del ego funcionó a corto plazo, pero el alma estaba tan herida que no pudo curarse por sí misma.

ABUELA: Dime qué vas a hacer.

DOCTORA: Voy a sanar las almas de estas personas haciendo que abandonen su estado animal más temprano a través de imágenes de reptiles y después con imágenes de animales más evolucionados. A continuación, voy a hacer que avancen a través de imágenes que sean mitad animal y mitad ser humano hasta que se alcance el desarrollo de este último. Conforme sus almas vayan teniendo más fuerza interior, van a necesitar cada vez menos la fuerza del médico vudú.

ABUELA: ¿Quieres decir que las risas descontroladas que describiste como un comportamiento esquizofrénico ya no serán necesarias?

DOCTORA: Exacto. El alma ya sana no necesita ese tipo de gestos exagerados y desarticulados. El alma enferma o herida recibe cierto alivio con esos comportamientos; sin embargo, en el mejor de los casos, es solo un recurso poco eficaz que utiliza el ego para defenderse. En el peor de los casos, es un intento fallido por superar miedos y ansiedades no resueltos. Así, los síntomas, las defensas del ego, no fueron capaces de sanar el alma.

ABUELA: Lo sé.

DOCTORA: Abuela, la señora está esperando.
Ahora sé qué hacer. Adiós, Abuela.

La Doctora le da un beso a su Abuela y sale de la choza.

Las luces se apagan.

"Doble personalidad con manía de grupo"

Escena 2

Las luces se encienden a baja intensidad. IRENE entra al escenario. Su largo cabello está desordenado y le falta un zapato. Su mirada es intensa. Esta gritando y muestra un comportamiento agresivo.

Las luces se apagan.

Las luces se encienden.

DOCTORA: *(entrando a la choza)*
Abuela, hay dos señoras allá afuera. Les dije que descansaran un poco debajo del árbol. Vienen de una tribu lejana. Están muy molestas.

ABUELA: ¿Molestas por qué?

DOCTORA: Tiene que ver con el comportamiento de Irene, la hija del jefe de la tribu.

ABUELA: Siéntate y cuéntame qué te dijeron.

DOCTORA: Dicen que la hija sufre cambios de personalidad. Con una personalidad, la jovencita es hiperactiva y agresiva. Parece estar fuera de control. Con la otra personalidad, su comportamiento es muy moderado y es dueña de sí. Parece sumisa y relajada.

Las luces iluminan a Irene que está en la esquina del escenario.

IRENE: Odio este lugar. Estoy enjaulada. Todos dicen que doy pena y que los malos espíritus controlan mi alma. Me preguntan si soy el demonio. ¡Ja, ja! Sí, tengo espíritus diabólicos en el alma.

Se jala el cabello y lanza unos mechones al piso.

IRENE: Cuando veo el cielo, veo una manta gris cubriéndome. La manta amenaza con sofocarme.

Se tira de las cejas y comienza a rodarse por el piso.

Las luces que iluminan a Irene bajan de intensidad.

DOCTORA: En otros momentos, todo su comportamiento cambia de improviso.

Las luces iluminan la esquina del escenario. Irene está perfectamente vestida y canta.

IRENE: Amo mi vida entre estos árboles tan altos. El cielo es precioso y las montañas acarician las nubes mientras

viajan lentamente y le dan la
bienvenida al dorado sol.

DOCTORA: Abuela, mientras ella alterna entre
estas dos personalidades opuestas, sus
amigos imitan la personalidad que ella
está mostrando.

*Un grupo de jovencitas entra al escenario rodeando
a Irene. Están enojadas y se golpean entre sí
mientras salen del escenario. Otro grupo de
jovencitas entra. Van tomadas de la mano y
sonriendo. Salen del escenario en armonía.*

DOCTORA: Su papá y los ancianos se preocupan
sobre todo cuando Irene se comporta
de forma agresiva. Parece estar fuera
de control. Se rebela contra cualquier
forma de autoridad.

*Se oyen tambores y silbatos tocados de forma feroz.
Irene entra completamente despeinada y con la ropa
sucia. Un grupo de jovencitas enojadas la siguen,
imitando su forma errática de bailar.*

GRUPO DE JOVENCITAS:

(gritando)
La brujería es la única forma de salvar
nuestras almas. La brujería es la única
forma de salvar nuestras almas. ¡Sí!
¡Sí!

Las luces bajan de intensidad.

La música se detiene.

Las luces se encienden. La Abuela y la Doctora están sentadas abanicándose.

DOCTORA: El baile y los gritos duraron horas.

ABUELA: ¿Cómo le llaman ustedes los occidentales a esto?

DOCTORA: Nosotros los psiquiatras lo llamamos neurosis disociativa combinada con manía colectiva.

ABUELA: ¡Demasiadas palabras! De acuerdo, cuéntame más.

DOCTORA: Con estas jovencitas, la neurosis disociativa se manifiesta como una doble personalidad.

Dos jovencitas entran desde atrás del escenario. Las luces del escenario las siguen. Se ponen de pie espalda con espalda. Aunque están vestidas igual, el vestido de una de ellas está desarreglado, su cabello revuelto y mueve sus labios y brazos de forma agresiva. La otra niña está vestida pulcramente y sonríe.

Las luces se apagan.

ABUELA: ¿Te refieres a dos personalidades completamente distintas? Eso me parece muy interesante. En todos mis años como curandera, no creo haber tenido un caso así combinado con la manía por el baile.

DOCTORA: La personalidad se divide. Eso es lo que produce la dualidad.

ABUELA: Déjame hacerte una pregunta: si encontrara a una persona así, ¿como podría descubrirla?

DOCTORA: Probablemente no podrías porque estas dos personalidades separadas...

ABUELA: ¿Separadas?

Las luces iluminan la esquina del escenario. Una jovencita está arrodillada detrás de otra que está de pie. La jovencita del frente está saludando con ambas manos y sonríe con serenidad. De pronto, la jovencita que está al frente cae al piso. La jovencita que está detrás se pone de pie y se tira de las cejas y del cabello. Mira alrededor y mueve sus labios y manos con fuerza. No se oye ningún ruido.

DOCTORA: Sí, estas dos personalidades se alternan en el nivel consciente de la mente. Cada una tiene el control en diferentes lapsos de tiempo. Cualquiera que esté manifestándose, aunque sea completamente distinta de la otra, es una personalidad completa con sistemas emocionales y cognitivos bien desarrollados que están efectivamente en contacto con la realidad.

Así que, Abuela, es probable que veas a la persona en una sola modalidad. Necesitas estar con la persona durante un periodo largo de tiempo antes de que te des cuenta de que tiene un problema más serio.

ABUELA: Dime una cosa, ¿por cuánto tiempo se manifiesta cada personalidad?

DOCTORA: Puede manifestarse por minutos, días; a veces, incluso por semanas.

ABUELA: ¿Dónde se queda la otra personalidad?

DOCTORA: Se queda reprimida en el inconsciente.

ABUELA: ¿Quieres decir relegada al inframundo?

DOCTORA: Exacto, Abuela. En algún momento, ambas personalidades existían juntas en su psique.

ABUELA: ¿Te refieres a como nos pasa a ti y a mí?

DOCTORA: Bueno, sí. En cierta forma, todos tenemos cierta dualidad, pero somos conscientes de ello. En el caso de la jovencita que tiene doble personalidad, ella no es consciente de ello.

ABUELA: ¿Y a qué se debe esa separación?

DOCTORA: Cuando ella experimenta una gran frustración, conflicto y ansiedad, si no reprime una personalidad y deja salir a la otra, simplemente no puede librarse de la tensión. Así que, Abuela, la "división" en realidad le ayudó a sentirse bastante bien.

Ella estrés intolerable desaparece porque el sujeto no es consciente del conflicto *(sonriendo)*. De hecho, decimos, "Ojos que no ven, corazón que no siente".

ABUELA: Podríamos decir que no hay un conflicto entre las almas de las dos personalidades porque una está escondida en el inframundo. ¿Estoy bien?

DOCTORA: Sí, estás bien. Abuela, ¿alguna vez tuviste un caso parecido al de Irene?

ABUELA: Quizás sí. Había una jovencita que se parecía un poco a Irene, era un caso más bien extremo. La puse en trance,

lo cual alteró su nivel de conciencia.
Entonces, pude recuperar y reparar su
alma herida usando los rituales de
sanación de las curanderas. También
usé la flor blanca, pero ya he dicho
suficiente. Quiero saber cómo vas a
sanar a Irene.

DOCTORA: Voy a usar una combinación de
métodos occidentales y técnicas
tomadas de las curanderas. No va a
haber mayor dificultad en curar a los
que siguen al líder. Sus personalidades
no están dañadas. Lo que pasa con
ellos es que su comportamiento es
perturbador y no agrada a los mayores
y a los demás. Todas las jovencitas que
estaban imitando la manía del líder
quedarán curadas automáticamente.
Así que no te confundo, me voy a
referir a la personalidad agresiva como
Irene. A la personalidad sumisa la voy
a llamar "María".

Lo que necesito descubrir es cuáles son
los espíritus malignos que produjeron
el conflicto en la psique y así el
desarrollo de las dos personalidades
opuestas. Así, cuando vea actuando a
la personalidad agresiva durante la

manía del baile y del canto, me voy a unir a ella.

Voy a tratar de que su personalidad consciente vuelva al inconsciente o, como tú la llamas, el inframundo. Durante esta regresión, el alma viaja a las profundidades del inconsciente. Aquí vamos a encontrar una imagen de las experiencias ancestrales y de sus representaciones que se despliegan en forma de símbolos, imágenes, sueños, bailes y cantos rituales. Esto me va a ayudar a entender cómo los arquetipos malignos se hacen tan fuertes en su psique. Las exageradas manifestaciones de la manía del baile y el canto son expresiones externas de los arquetipos malignos. Hay mucha energía en estos arquetipos malignos y poca en los benignos. Esto hace que el alma esté herida. Voy a decirte cómo va el proceso de sanación en unas dos semanas.

Las luces se apagan.

Las luces se encienden. Han pasado dos semanas.

DOCTORA: Abuela, creo que descubrí la fuente que producía ese conflicto en la psique. Creo que estas jovencitas, cuando eran más pequeñas, sobre todo Irene, estuvieron con una curandera que era muy buena para desarrollar almas sanas. Sin embargo, esto se complicó con algunos miembros mayores que se vieron influidos por un brujo vudú que se hacía pasar por curandero. Por ello, yo creo que algunos arquetipos benignos fueron alimentados hasta cierto punto, pero los arquetipos demoniacos fueron reforzados todavía más por el vudú. Estas jovencitas fueron iniciadas en prácticas vudú cuando eran muy jóvenes.

Por eso imitan tanto el comportamiento agresivo de Irene y, cuando se manifiesta la personalidad sumisa de María, las otras jovencitas también la imitan. Por ello, como dije antes, si curo a la hija del jefe, las otras también quedarán curadas. La manía por el canto y el baile va a desaparecer. Van a imitar entonces el comportamiento ya "sano" de la personalidad agresiva de Irene.

ABUELA: Entiendo.

DOCTORA: Si hago a la personalidad sumisa de María más fuerte y más segura de sí, entonces sus arquetipos positivos van a neutralizar los arquetipos negativos resultando en una unión de opuestos que al final conducirá a una síntesis.

ABUELA: ¿Cómo y cuándo crees que eso va a pasar?

DOCTORA: Cuando emerja una nueva personalidad.

Las luces se apagan.

Las luces se encienden. Han pasado dos semanas.

DOCTORA: Abuela, estoy haciendo grandes progresos con Irene. Nuestra meta es llegar a un estado de "divinidad cósmica". Ustedes curanderas llamarían a esto una asociación con fuerzas cósmicas. Se me hace que necesito trabajar con ella un poco más. Aún hay una considerable oposición en toda su psique, sobre todo entre el "ánima" y el "ánimus". La persona, la máscara social de Irene, está dominada por el animus, es decir, la parte masculina en detrimento de su anima, es decir, su femineidad. Esto causa cierta oposición y falta de equilibrio en su psique.

Aunque su lado femenino está poco desarrollado, aún está ahí, pero no es suficientemente fuerte en toda la psique. Aún me queda algo de trabajo por hacer. Cuando Irene estaba mostrando el lado femenino de su personalidad, era mucho más sensible y receptiva a mí. Esto nos sugiere que existe esa oposición en su psique...

ABUELA: Personalidad.

DOCTORA: Sí, Abuela. Ha disminuido. Claramente, ese es el camino hacia la unidad, la síntesis y la sanación de la parte débil de su alma.

ABUELA: Sí, el camino que el alma está recorriendo desde su estado herido.

DOCTORA: Sí, Abuela, a un estado de sanación, individuación y síntesis, el cual es esencial que el ama recorra para mejorar.

ABUELA: Hay menos oposición...

DOCTORA: Y el flujo de energía está buscando un equilibrio en toda la personalidad.

ABUELA: Dime, ¿usan la flor blanca para la curación?

DOCTORA: Sí, la usamos. Para nosotros los occidentales, la flor blanca significa que la curación ha tenido lugar. El alma está curada.

ABUELA: Nosotras las curanderas usamos tambores, sonajas, murmullos, cantos y oraciones como rituales de sanación.

Un grupo de jovencitas entra al escenario y baila lentamente alrededor de un árbol. Después, caen con suavidad al piso quedándose inmóviles en estado de trance.

ABUELA: Durante el estado de trance, el alma viaja a un árbol. Esto es un esfuerzo por reparar la parte herida del alma del enfermo. Entonces, ponemos una flor blanca en la cabeza del enfermo. Esto significa que el alma ha sido recuperada y que el individuo ha sido curado.

DOCTORA: Entiendo. Eso significa que ya no hay más bailes ni cantos erráticos.

ABUELA: Correcto. Están curados.

Las luces se apagan.

Las luces se encienden. Una semana más tarde.

DOCTORA: Abuela, Irene ya se curó y las otras jovencitas que imitaban su comportamiento tan raro, ya se curaron también. La curación de las otras jovencitas fue sencilla porque ellas simplemente imitaron el comportamiento ya sano de su líder.

ABUELA: Sí, el problema del grupo era la imitación, pero tú dijiste que la curación de la jovencita tendría lugar cuando apareciera una nueva personalidad.

DOCTORA: Sí, los malos espíritus que cobraron más fuerza con las prácticas del vudú y que se abrieron camino a través de los miembros mayores de la tribu. La energía de la libido que faltaba en el mundo exterior fue recuperada y esto restauró la armonía, la unidad y la síntesis en toda la personalidad.

ABUELA: ¿Y la doble personalidad de Irene?

DOCTORA: La disociación que causó la división de la personalidad, la doble personalidad, ya no existía.

ABUELA: ¿Y ahora qué?

DOCTORA: La tercera personalidad fue un alivio para los insoportables niveles de estrés.

ABUELA: Una vez que su alma fue sanada...

DOCTORA: Sí, Abuela. El estrés de Irene desapareció. La doble personalidad ya no tenía razón de ser.

ABUELA: Interesante. Una nueva personalidad.

DOCTORA: Menos agresiva y, al mismo tiempo, el carácter sumiso y exageradamente introvertido de la personalidad de María ya no estaba presente. La nueva personalidad trascendió a las otras dos.

ABUELA: Entiendo. Ya no había un desequilibrio en toda la personalidad.

DOCTORA: Exacto. En su lugar había una síntesis. El resultado fue Irene con una hermosa disposición, justo como la flor blanca.

Un grupo de jovencitas pulcramente vestidas entra al escenario, siguiendo a Irene. Cantan y llevan flores blancas en la cabeza.

Las luces se apagan.

"Manía felina"

Escena 3

Las luces se encienden. La Abuela y la Doctora están sentadas en el piso. La Abuela explica a la Doctora el significado de los tejidos.

Un gato maúlla.

DOCTORA: Abuela, ¿puedes oír los maullidos?

La Abuela sonríe.

Las luces iluminan a una MONJA que está de pie a la entrada de la choza.

MONJA: *(gritando)*
Doctora, la necesitamos.

DOCTORA: Oh, alguien me busca.

Sale de la choza y saluda a la monja. Se sientan debajo de un árbol.

DOCTORA: ¿En qué puedo ayudarle?

MONJA: Nuestras alumnas son niñas pequeñas de la jungla. Las llevamos al convento para darles educación. Algo raro ha pasado: han estado maullando como gatos por varias semanas.

DOCTORA: Interesante. Deme un minuto.

La Doctora vuelve a la choza.

DOCTORA: Abuela, ¡ayúdame! No entiendo este caso particular de manía de grupo. Sé lo que es por mis libros, pero necesito tu ayuda.

ABUELA: ¿Cuándo comenzó?

DOCTORA: La monja dijo que hace varias semanas. Los maullidos comenzaron con una de las niñas más grandes. Se oponía mucho a la autoridad. El sacerdote vino a ayudarla, pero mientras más lo intentaba, más maullaba. El sacerdote llamó a otro sacerdote de la ciudad, que tenía experiencia con exorcismos.

Las luces bajan de intensidad.

Las luces se encienden. A un lado del escenario, un SACERDOTE, TRES MONJAS más rodean a una niña que está en cama.

SACERDOTE:

Hermana, átela a la cama para que no se vaya a hacer daño a sí misma o a alguien que esté cerca de ella.

Las luces bajan de intensidad. Las monjas están rezando cerca de la niña.

MONJA: San Miguel, defiéndenos en el día de la batalla.

DOS MONJAS:

           Te rogamos por ella.

MONJA: Sé nuestra protección contra la malicia del Demonio.

GRUPO DE MONJAS:

           Te rogamos por ella.

SACERDOTE:

           (con una cruz en la mano)
           Sacerdos ab Ordinario delegatus, rite confessus, aut saltem corde peccata sua detestans, peracto, si commode fieri possit, Sanctissimo Missae sacrificio...

Las luces se apagan.

Las luces se encienden. Otra vez en la choza de la abuela.

ABUELA: Trató de sacar de ella los malos espíritus, las fuerzas de Satán, pero ella lo único que hacía era maullar más fuerte, incluso trató de rasguñar al sacerdote en la cara. El sacerdote vio su comportamiento como una manifestación de las fuerzas demoniacas que había en ella. En eso, el sacerdote tenía razón, pero el tratamiento que utilizó era incorrecto.

DOCTORA: ¿Incorrecto?

ABUELA: Sí. Lo que se debe hacer es descubrir la causa que conduce a comportarse como gato. El sacerdote pensó que todo era malo y demoniaco. No entendió que los maullidos eran fruto del instin..., ¿cómo lo llamas?

DOCTORA: Instinto de supervivencia.

ABUELA: Sí, un instinto de supervivencia que se remonta muchos años al pasado. Necesitamos ayudar a su alma a que emigre a su interior, a sus orígenes felinos.

DOCTORA: Sí, Abuela. Para su recuperación, los impulsos felinos se tienen que integrar con el resto de su psique. Entonces, su alma quedará sana.

ABUELA: Exacto. Tenemos la sabiduría que la naturaleza nos ha dado, una sabiduría de plantas y animales. Hay imágenes y representaciones que se deben usar en el proceso de curación. Esos rituales simbólicos son la parte principal de las creencias y prácticas de las curanderas.

DOCTORA: Sí, ahora estoy de acuerdo. La sabiduría de las plantas y los animales tiene un lugar en los rituales de curación.

ABUELA: En nuestros rituales, debemos hacer que la persona con el alma herida vuelva a sus orígenes animales...

DOCTORA: Sí, a su estado animal, porque los orígenes animales aportan guías espirituales necesarias para la curación.

ABUELA: Sí, la curación implica una plenitud compuesta por Dios, lo humano y lo animal. El alma de una persona puede desarrollarse hasta ese estado divino solo si vuelve a su origen animal, un animal mítico. La persona así se convierte en algo mucho más grande y fuerte que ella misma. La persona se fortalece para seguir creciendo y alcanzar la comunión con las fuerzas cósmicas.

DOCTORA: Entiendo, pero los incesantes maullidos de estas niñas indican que las experiencias primitivas y ancestrales están dominando sus almas.

ABUELA: Estos impulsos, o como tú los llames...

DOCTORA: Arquetipos, memorias olvidadas que provienen de hace millones de años.

ABUELA: Han sido sepultados en los niveles más profundos del inframundo. Sus esfuerzos por ser...

DOCTORA: Gratificados no han tenido éxito. Así, el resultado son los impulsos prohibidos y el comportamiento excéntrico —como los maullidos— continúa. Abuela, ¿qué debemos hacer?

ABUELA: Debemos tratar con esas fuerzas ancestrales. Mostrarles nuestro respeto. Entonces, y solo entonces, se integrarán todas en un alma sana.

DOCTORA: De acuerdo. Entonces, los maullidos desaparecerán porque ya no serán necesarios. ¿Es correcto eso, Abuela?

ABUELA: Es correcto. Una vez que los maullidos y el comportamiento felino desaparezca, sabremos si la curación ha sido completa. La curación para estas niñas implicará sonidos monótonos de tambores y sonajas tocadas suavemente. Esto hará que se activen las imágenes de animales que subyacen en el inframundo. Esto puede repetirse a lo largo de sus vidas.

DOCTORA: Sí, Abuela, sí. Hay que hacer una síntesis hasta que los arquetipos estén firmemente integrados en sus almas.

ABUELA: Sí, el renacimiento del alma. Ve afuera y ve a la monja. Pónganse encima algo que se parezca a la piel de un gato, algo suave y liso. Pónganse unos pequeños trozos de madera en las uñas. Vayan y mézclense con las niñas e imiten sus maullidos. Extiendan las manos como si quisieran rasguñar algo, pero háganlo al aire libre. Ellas van a creer que son gatos.

Las luces bajan de intensidad y se vuelven a encender iluminando una esquina del escenario donde las monjas y la doctora, vestidas como la abuela les dijo, se unen al grupo de niñas gateando e imitando su comportamiento agresivo.

VOZ DE LA ABUELA:

Asegúrate de que los tambores toquen fuerte y que las sonajas suenen intensamente. Después de un rato, haz que los movimientos de tu cuerpo sean lentos y suaves. Reduce la intensidad y el volumen de las sonajas y los tambores. Las niñas van a comenzar a imitarte.

VOZ DE LA DOCTORA:

¡Sí, sí! El poder de sugestión y el contagio emocional harán que se quieran identificar con nosotras e imitar nuestro comportamiento.

VOZ DE LA ABUELA:

Después de un poco, tú y la monja se tienen que quitar las uñas de madera y ponerse su ropa normal.

La Doctora y la Monja hacen con las niñas lo que la Abuela está diciendo.

VOZ DE LA DOCTORA:

Sí, Abuela.

VOZ DE LA ABUELA:

Después tienen que hablar con cada niña, acariciar su cabello suavemente y repetir una y otra vez, "todo está bien", "todo está bien".

Aprueba su manía. Haz que los tambores sigan sonando lentamente y las mujeres cantando con murmullos.

Esto hará que las niñas entren en un estado de trance.

VOZ DE LA DOCTORA:

El trance, o estado de éxtasis, como tú lo llamas, va a reforzar el poder de sugestión y el contagio emocional. Ambos son esenciales para imitar el comportamiento y, en definitiva, para la curación. ¿Estoy bien, Abuela?

VOZ DE LA ABUELA:

Sí, estás bien. Después tienes que repetir, "no eres mala, no eres mala".

Las niñas, entonces, se van a poner de pie. Después, haz que la niña más grande, a la que las otras respetan, diga, "eres buena, eres buena".

Las niñas deben repetir, "nuestras almas son buenas, nuestras almas son buenas".

Los malos espíritus, entonces, saldrán. Las imágenes ancestrales del gato se integrarán en sus almas, en las que está presente toda la naturaleza: plantas, animales y humanos.

Las luces que iluminan a la Doctora, a la Monja y a las Niñas, bajan de intensidad y se vuelven a encender iluminando la choza donde están la Abuela y la Doctora.

DOCTORA: Abuela, ¿cómo sabes todo eso?

ABUELA: Es un don que recibí en una experiencia de sanación de mi propia alma *(silencio por unos segundos)*. En relación con las niñas, es importante recordar que su comportamiento felino... Oh, estoy cansada. Tú sabes qué quiero decir.

DOCTORA: Sí, Abuela. El comportamiento felino es un instinto que sobrevive y que tiene su origen muchos años atrás. Para que las niñas se recuperen, hay que integrar ese comportamiento en la totalidad de su psique. Entonces sus almas quedarán curadas.

ABUELA: *(con sueño)*
Sí, sus almas quedarán curadas.

DOCTORA: Abuelita, déjame sentarme contigo mientras te quedas dormida.

La Abuela se acuesta. La Doctora acaricia el cabello y la espalda de su Abuela. La Abuela se queda dormida y comienza a hacer un ruido como el de un pequeño gato ronroneando. La doctora sale silenciosamente.

La Abuela extiende sus brazos al frente y descansa su cabeza entre ellos. El ronroneo desaparece.

La Doctora sale.

Las luces bajan de intensidad y vuelven a encenderse. La Doctora entra a la choza.

DOCTORA: Tengo que ver cómo está la Abuela.

La Doctora acaricia la espalda de su Abuela con cariño.

ABUELA: *(todavía ronroneando, levanta la cabeza)*
Ya estoy despierta.

DOCTORA: Abuela, cuando estabas durmiendo y despertándote, estabas ronroneando como un gato pequeño. ¿Por qué?

ABUELA: Porque le hace bien a mi alma.

DOCTORA: ¿Crees que eres un gatito?

ABUELA: Quizás lo fui en algún momento y esa parte de mi alma todavía necesita ser alimentada.

Un gato negro se frota en las piernas de la abuela.

Las luces se apagan lentamente.

"Manía de jaguar"

Escena 4

Las luces se encienden a baja intensidad. UN HOMBRE VESTIDO DE JAGUAR salta desde un árbol y después sale del escenario lentamente caminando a cuatro patas.

Las luces se apagan.

Las luces se encienden.

La Abuela y la Doctora están sentadas en el piso de la choza, mirando unas cerámicas.

DOCTORA: Abuela, en todas tus experiencias como curandera, ¿alguna vez viste un ritual de sanación en el que los nativos de una determinada tribu tuvieran el alma tan débil que les faltara fuerza?

ABUELA: ¡Oh, sí! Recuerdo muy bien una. Hace muchos años, un viejo curandero amigo mío vino a mi choza.

Las luces se apagan.

Las luces iluminan un lado del escenario, donde la Abuela está con un CURANDERO MAYOR, viendo a un grupo de nativos.

ABUELA: Nunca he visto algo como esto. ¡Mira cómo están vestidos! Llevan en la cabeza arreglos con cuernos y sus vestidos están hechos con pieles de animales.

CURANDERO MAYOR:

Mira las patas y las colas. Simplemente supe que tenías que verlo.

Las luces se apagan.

Las luces iluminan a la Abuela y a la Doctora otra vez en la choza.

ABUELA: Los estuvimos observando durante varias semanas. Vimos que sus rituales expresaban el deseo de ser valientes y poderosos.

Hacia la parte trasera del escenario, DOS HOMBRES VESTIDOS COMO JAGUARES caminan sigilosamente a cuatro patas.

ABUELA: Lo que estos hombres querían era destruir a su viejo yo.

DOCTORA: ¿Por qué?

ABUELA: Se consideraban a sí mismos como débiles y sin poder.

DOCTORA: ¿Era un intento de renacer?

ABUELA: Exacto. ¿Por qué lo preguntas?

DOCTORA: Leí en algún lugar que la gente primitiva trataba de cambiarse a sí misma para ser como sus ancestros. Lo hacían a través de ciertos rituales.

ABUELA: Claro, querían transformar sus almas débiles en otras más fuertes y con poder.

DOCTORA: Sí, volviendo a su origen animal.

ABUELA: ¡Oh, sí!

DOCTORA: *(hablando lentamente)*
Los símbolos de animales se usaban para completar la transformación.

ABUELA: *(sonriendo)*
Sí.

DOCTORA: Al inicio del proceso de transformación, los símbolos eran puramente animales. Después había símbolos que eran mitad hombre y mitad animal.

ABUELA: Entiendo.

DOCTORA: Muy bien, Abuela. ¿Qué rituales utilizas para reactivar el símbolo de mitad hombre y mitad animal?

ABUELA: Bueno, usábamos varios.

DOCTORA: Háblame de los rituales que simbolizan al jaguar.

ABUELA: Comienza con los nativos vestidos como jaguares imitando los movimientos de ese animal.

Las luces bajan de intensidad. Unos nativos entran en el escenario, caminando a cuatro patas. Usan sus patas acolchadas para moverse silenciosa y lentamente. Comienzan a treparse a los árboles y a saltar de un lado a otro.

ABUELA: El ritual comienza con una sonaja y un silbato sonando fuerte *(se oye una sonaja y un silbato).* Sigue un golpeteo de tambores, música, cantos y bailes.

Un grupo de hombres vestidos de jaguar entra al escenario, moviéndose lento y después rápido.

ABUELA: El sonido de los tambores golpeando ayuda a los nativos a volver a sus orígenes animales y después suben al nivel humano.

DOCTORA: Ve, Abuela, pensamos lo mismo.

ABUELA: Bien, bien. Cuando están cerca de alcanzar el nivel humano, comienzan los rituales de auto sacrificio.

DOCTORA: ¿Sacrificio?

ABUELA: Sí. Eso simboliza la muerte del viejo yo. El ritual consiste en auto perforaciones y auto mutilaciones.

DOCTORA: ¿Cómo, Abuela?

Los tambores suenan monótonos y las sonajas se agitan suavemente, mientras los nativos se sientan en una esquina realizando la auto mutilación.

ABUELA: Se perforan las orejas con agujas, las mejillas, los labios, la lengua e incluso el pene.

DOCTORA: ¡Ay!

ABUELA: Son rituales en los que debe haber sangre.

DOCTORA: Lo sé, Abuela. Estos rituales disminuyen el nivel de conciencia, lo cual es necesario para el proceso de renacimiento.

ABUELA: Sí. Después de algunas semanas, mi amigo más viejo y yo vimos al "pueblo del jaguar". Parecían confiados en su poder. Sabíamos que sus nuevas almas habían...

DOCTORA: Emergido.

ABUELA: Sí, emergido. El proceso de curación produjo una nueva alma, un alma poderosa y valiente.

Las luces se encienden y se escuchan unos tambores tocados a un ritmo muy rápido. Un grupo de nativos entra al escenario usando pieles de jaguar y llevando lanzas en las manos. Bailan en círculo, agitando las lanzas en círculos y apuntando hacia arriba.

DOCTORA: Sus prácticas y rituales son muy sofisticados.

ABUELA: Dime, Doctora occidental, ¿cómo describirías lo que te acabo de contar?

DOCTORA: Bueno, el problema con esta tribu era que sus almas eran muy débiles. Con sus rituales se convirtieron en animales imaginarios. Por tanto, Abuela, pasaron del nivel animal al nivel mitad animal y mitad hombre. ¿Correcto?

ABUELA: Sí.

DOCTORA: Esta vuelta a sus orígenes implicó una regresión a los arquetipos. La fuente del alma herida puede encontrarse en los arquetipos negativos. Con la muerte de los arquetipos negativos, los símbolos de los arquetipos positivos pasan del inconsciente al nivel consciente de la mente. Los arquetipos funcionan como un puente a niveles más elevados de desarrollo.

ABUELA: Sí, el renacimiento.

DOCTORA: Estas representaciones humanas y animales...

ABUELA: ¿Imágenes de los instintos?

DOCTORA: Sí, Abuela. Sirven como una meta espiritual para alcanzar la plenitud que busca el hombre. Ustedes las curanderas piensan como nosotros los occidentales.

ABUELA: *(se pone de pie, levanta las manos y sonríe)*
No, ustedes occidentales piensan como nosotras las curanderas.

Unos nativos vestidos de jaguar entran al escenario caminando a cuatro patas. Se yerguen y levantan sus lanzas por encima de sus cabezas. Bajan las lanzas y comienzan a bailar lentamente en círculo alrededor de una hoguera. Cada uno pone sus manos sobre los hombros del que tiene enfrente y sigue bailando. Conforme aumenta el ritmo de los tambores, los pies de los nativos se mueven más y más rápido, y después se detienen. Se quitan las pieles de jaguar y las arrojan al fuego que está al centro del escenario. Uno por uno, toman sus lanzas, las apuntan hacia arriba y las mueven en círculos mientras bailan en círculo al compás de los tambores y de mujeres que cantan con murmullos.

ABUELA: La quema de las pieles de jaguar significa su pasado y la destrucción del viejo yo, haciendo posible un renacimiento. Las lanzas son símbolo de poder y apuntarlas hacia arriba haciendo círculos simboliza el presente y la búsqueda de un futuro, es decir, la unidad cósmica.

DOCTORA: Abuela, después de ver el renacimiento del jaguar, estoy lista para tratar de curarme a mí misma.

ABUELA: Bien. Vamos a comenzar tu camino en tu inframundo mañana por la noche.

Las luces bajan de intensidad.

Las luces se encienden, pero a muy baja intensidad. Fuera de la choza, varios hombres de pie en un círculo golpean sus tambores lentamente. Otros dos hombres agitan unas sonajas suavemente. Las mujeres cantan con un murmullo y después hay un total silencio.

ABUELA: *(hablando con suavidad)*
Por favor, acuéstate *(la doctora se acuesta sobre la estera)*. Tienes que relajarte. Ahora vamos a concentrarnos

en el sonido monótono de los tambores. Nos van a permitir alcanzar eso que ustedes los occidentales llaman "estado alterado de conciencia". Entonces vas a viajar a tu inframundo, al inconsciente.

Querida nieta, tenemos que encontrar qué es lo que hirió a tu alma.

Se escuchan sonajas y el monótono sonido de los tambores.

ABUELA: Esto te va a hacer entrar en un estado de trance, en un estado de éxtasis.

La Abuela se arrodilla al lado de la Doctora.

ABUELA: *(con una voz muy suave)*
Estás mirando fijamente a un punto. Estas comenzando a sentir tu cuerpo pesado. Estás comenzando tu recorrido por el inframundo. Comienzas a tener una sensación de desprendimiento. Estás en trance. Estás entrando en el nivel más profundo de tu trance. Estas comenzando a recuperar algunos recuerdos.

El escenario se queda completamente obscuro por unos segundos.

Las luces se encienden. ANTONIO entra al escenario, tomando por la mano a la Doctora. Ella está vestida de novia.

DOCTORA: Antonio, ¿estás bien? ¿Te tomaste la medicina que te di?

Antonio sale. Se oye la detonación de una bala.

Las luces se apagan.

Se encienden las luces a baja intensidad.

DOCTORA: *(inclinándose sobre el cuerpo de Antonio)*
¡No me dejes sola! ¡Te amo! *(la Doctora agita el cuerpo de Antonio y besa su cara)* ¡Antonio, Antonio, perdóname! No te ayudé lo suficiente con tu depresión. Es mi culpa. ¡Yo te maté! Te lo ruego, Antonio. ¡No quiero vivir sin ti!

La Doctora sale del escenario y vuelve con las muñecas sangrando. Su vestido de boda blanco está manchado de sangre. Se acuesta cerca del cuerpo de Antonio.

DOCTORA: Me voy a unir a ti, mi amor. Me voy a unir a ti. Nos vamos a marchar juntos.

Una luz ilumina el centro del escenario. La Abuela todavía está sentada cerca de la Doctora, en medio de la choza. Los tambores y los conjuros continúan muy lentamente y a un volumen muy bajo.

DOCTORA: *(levantando la cabeza)*
Antonio, Antonio *(tratando de tocarlo)*.

Antonio entra al escenario, se arrodilla cerca de la Doctora y le toca el rostro.

ANTONIO: No fue tu culpa. Lo que hice no podía evitarse. Si no te hubiera conocido, también me habría quitado la vida, solo que antes. Por ti viví más tiempo, gracias a tu amor. Sigue viviendo, mi amor.

Antonio la besa y lentamente sale del escenario.

ABUELA: *(hablando con suavidad)*
Tu alma herida ahora está curada. Una buena curandera primero tiene que sanar su propio espíritu para poder curar a los demás. Tú ya estás lista.

La Doctora se estira para tocar a su abuela, pero su abuela ya no está ahí. La Doctora se pone de pie.

DOCTORA: Abuela, ¿dónde estás?

La Abuela está durmiendo al lado, rodeada de velas.

DOCTORA: ¡Oh, Abuela! Ahí estás *(la Doctora camina hacia su abuela y la toca).* Gracias a ti, mi alma ya no está herida.

Las luces se apagan.

Las luces se encienden a baja intensidad. La Doctora entra a la choza.

DOCTORA: Abuela, ya regresé.

Nadie responde. Mira alrededor y después sale.

DOCTORA: ¿Abuela? ¡Abuela!

    (hablando para sí misma)
Mi Abuela nunca sale de la choza.
¿Dónde estás abuela?

El Joven aparece.

JOVEN: Tu Abuela murió.

DOCTORA: ¿Murió? ¿Cuándo?

JOVEN: El 25 de diciembre.

DOCTORA: *(hablando para sí misma)*
El día que traté de suicidarme.
Recuerdo haberla visto y me dijo que viniera a casa.

Las luces se apagan.

La Doctora entra lentamente a la choza. Se pone el vestido negro de su Abuela y se cubre la cabeza con el chal también de ella. Camina hacia la esquina de la choza, se sienta rodeada de velas y comienza a cantar muy suavemente con un murmullo. Un gato negro se frota en sus piernas.

Las luces se apagan lentamente, pero las velas permanecen encendidas.